JN022895

泣き笑いのエピソード

秦 基博さんメッセージ

『おちょやん』の主題歌を担当させていただけることになり、本当に嬉しく思っています。
脚本を読ませていただいた中で、主人公・千代の、どんな苦境の中にあってもめげないその心、
そして、自分の身にふりかかる不幸や悲しみを糧にして、それらを「笑顔」に変えていく力強さ、
明るさ。その部分に一番感銘を受けて、「泣き笑いのエピソード」という曲を書きました。
悲喜こもごも巻き起こる『おちょやん』の毎日に、少しでも色を添えられればと思います。そして、
このドラマを観てくださる皆さんの一日の始まりにそっと寄り添うような歌になれば幸いです。
『おちょやん』の物語が僕もとても楽しみです！

ピアノ・合唱編曲 トオミ ヨウさんより

自分がピアノ1本で伴奏するとしたらどんなふうに弾くかと考え、オリジナルにある楽器のフレー
ズや曲中のリズムの変化を感じられるような編曲を目指しました。
演奏する際は、曲の始まりは伴奏とメロディーの関係を感じながらゆったりとした気持ちで、サ
ビは8分音符のシンコペーションでメロディーが進んでいくので、4分音符の軸がずれないように
しっかりとリズムをキープしましょう。

泣き笑いのエピソード

秦 基博　作詞
作曲

秦 基博　編曲
トオミ ヨウ

トオミ ヨウ　ピアノ編曲

3

5

泣き笑いのエピソード

秦 基博 作詞
作曲

秦 基博 編曲
トオミ ヨウ

トオミ ヨウ ピアノ編曲

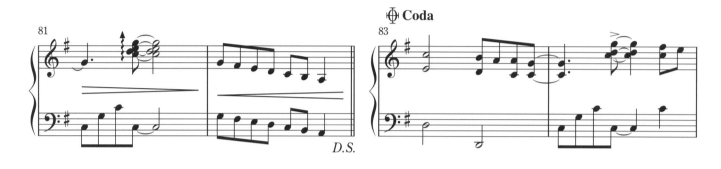

泣き笑いのエピソード

作詞・作曲　秦 基博
編曲　秦 基博
　　　トオミ ヨウ

```
G        F#m7(-5)      Em7      Em7/D
 オレンジのクレヨンで描いた太陽だけじゃ
Cadd9      G/B    Am7        Am7/D
 まだ何か足りない気がした


G        F#m7(-5) B7     Em7          Dm7    Dm7/G  C
 涙色　　したブルー　こぼれて　ひろがって
       G/B         Am7      Dsus4 D
 ほら　いつも通りの空


  Am7               Dsus4    D#dim
 これは夢じゃない（夢みたい）
Em7    Em7/D A7
 傷つけば痛い　（嘘じゃない）
Am7          Am7/D          Cadd9
 どんな今日も愛したいのにな


G          CM7       C#m7(-5)  Dsus4 D    B7(-9)/D#  Em7      A7          Am7 Dsus4 D    Em7
 笑顔をあきらめたくないよ　転　んでも　ただでは起きない　そう　強くな　れ　る
        A7      CM7      C#m7(-5)    D    D#dim Em7 Em7/D Am7    Am7/D D        D/G
 かさぶたが消えたなら　聞いてくれるといいな　泣き笑いのエピ　ソードを
```

Inter 1 | Cadd9 | D | Bm7 | Em7 | Am7 | Am7/D D |

```
G        F#m7(-5)      Em7      Em7/D
 時が経てば　きっと　忘れられるよなんて
Cadd9      G/B    Am7        Am7/D
 まだ　とても　信じ切れないけど


G        F#m7(-5) B7     Em7          Dm7
 涙がか　わくまで　待ってられない
Dm7/G   C   G/B        Am7      Dsus4  D
 だって　ほら　すぐ　新しい朝


  Am7               Dsus4    D#dim
 無我夢中でいたい　（夢見たい）
Em7    Em7/D          A7
 まだ終わりじゃない　（終わらない）
Am7          Am7/D          Cadd9
 どんな明日も描けるんだよな


G          CM7       C#m7(-5)  Dsus4 D    B7(-9)/D#  Em7      A7          Am7 Dsus4 D    Em7
 笑顔に会いたくなるけれど　今　はでも　弱音ははかない　そう　強がっ　　てる
        A7      CM7      C#m7(-5)    D    D#dim Em7 Em7/D Am7    Am7/D D
 お腹の音が鳴ったら　大丈夫のサインだ　泣き笑いの日々　　を行こう
```

Inter 2 | Am7 | D | Bm7 | E7 | Am7 | D | Dm9 | G | |
| CM7 | C#m7(-5) | D D#dim | Em7 | Am7 | A7 | Dsus4 D | Dsus4 D | Cadd9 |

```
G          CM7       C#m7(-5)  Dsus4 D    B7(-9)/D#  Em7      A7          Am7 Dsus4 D    Em7
 笑顔をあきらめたくないよ　転　んでも　ただでは起きない　そう　強くな　れ　る
        A7      CM7      C#m7(-5)    D    D#dim Em7 Em7/D Am7    Am7/D D        Cadd9
 かさぶたが消えたなら　聞いてくれるといいな　泣き笑いのエピ　ソードを
                          G/B         Am7      Am7/D D     D/G
 泣き笑いのエピ　ソードを
```

Ending | Cadd9 | D | Bm7 | Em7 | Am7 | Am7/D | G | C/G | D/G | |

13

泣き笑いのエピソード

秦 基博 作詞
作曲

秦 基博 編曲
トオミ ヨウ

トオミ ヨウ ピアノ編曲

※歌いやすさを考慮し、原曲とは異なる調に編曲しています。

泣き笑いのエピソード

秦 基博 作詞
秦 基博 作曲
トオミ ヨウ 編曲
トオミ ヨウ 採譜

メロディー譜

■作詞・作曲／うた **秦 基博**（はた・もとひろ）
2006年11月シングル「シンクロ」でデビュー。"鋼と硝子で出来た声"と称される歌声と叙情性豊かなソングライティングで注目を集める一方、多彩なライブ活動を展開。2014年、映画『STAND BY ME ドラえもん』主題歌「ひまわりの約束」が大ヒット、その後も数々の映画、CM、TV番組のテーマ曲を担当。
https://www.office-augusta.com/hata/

■ピアノ・合唱編曲 **トオミ ヨウ**
1980年11月14日生まれ。幼少の頃習ったピアノをきっかけに、音楽を作り始める。プロデュース、アレンジ、ライブサポート他、舞台音楽や映画音楽なども手がける。

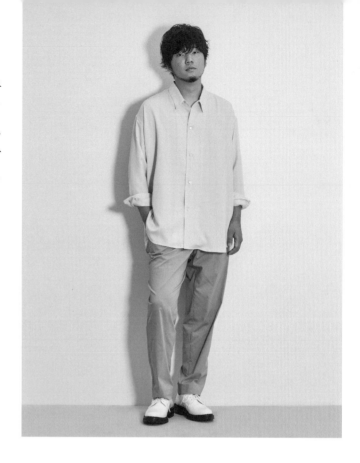

[表紙ビジュアル]
■表紙写真：杉咲 花（竹井千代役）
■表紙写真撮影：濱田英明
■表紙ビジュアルデザイン：廣田碧（看太郎）

■デザイン：(株)オーク
■楽譜浄書：(株)クラフトーン
■協力：NHK／NHKエンタープライズ／オフィスオーガスタ

■関連商品のご案内 ・・・・・・・・・・・・・・

連続テレビ小説
おちょやん
オリジナル・サウンドトラック

音楽／サキタハヂメ
バップ
2021年1月27日発売予定
アルバム（CD）VPCD-86358
¥3,000（本体）＋税

※「泣き笑いのエピソード」は収録されていません。

NHK出版オリジナル楽譜シリーズ
連続テレビ小説 おちょやん
泣き笑いのエピソード
2020年12月15日 第1刷発行

作詞・作曲 秦 基博
発行者 森永公紀
発行所 NHK出版
〒150-8081 東京都渋谷区宇田川町41-1
電話 0570-009-321（問い合わせ） 0570-000-321（注文）
ホームページ https://www.nhk-book.co.jp
振替 00110-1-49701
印 刷 近代美術
製 本 藤田製本

LOVE THE ORIGINAL
楽譜のコピーはやめましょう